LA GUÍA DE SOBREVIVENCIA
DEL PADRE SOLTERO

para Reconectarte con tus Hijos y Seguir
Adelante Después de un Divorcio

MICHAEL D. BUTLER

New York | Los Ángeles | Londres | Sydney

ISBN Softcover: 978-1-952884-17-7

LA GUÍA DE SOBREVIVENCIA DEL PADRE SOLTERO

para Reconectarte con tus Hijos y Seguir Adelante Después de un Divorcio

¿Eres padre soltero? ¿Has pasado recientemente o estás pasando por un divorcio?

Lo único peor que el divorcio es la muerte, y, muchas veces, un divorcio se siente peor, especialmente si hay niños involucrados. Este es un libro de recursos para el padre soltero. Como padre soltero de cuatro hijos, escribí este libro para ayudar a padres solteros no sólo a sobrevivir, sino a prosperar y reconectarse con sus hijos, siguiendo adelante con sus vidas después del divorcio. La vida está llena de problemas y este libro está lleno de soluciones.

No soy psicólogo, ni médico, pero soy un padre soltero, y he estado en la misma posición que tú. He estado en tus zapatos y he sentido tu dolor. He lidiado con todos los sentimientos de soledad, desconcierto, desesperación, dolor, miseria, culpa y debilidad que un divorcio puede arrojar sobre ti, y estoy aquí para decirte que no sólo puedes sobrevivir, sino prosperar y reponerte exitosamente con los recursos y consejos que comparto en este libro. He escuchado las historias de muchos hombres, como tú. Hombres buenos que fueron totalmente sorprendidos por el divorcio.

Hombres que preguntan: *¿Qué haces cuando tu ex-esposa limpia tu cuenta corriente y tu cuenta de ahorros? ¿Qué haces cuando tienes que mudarte porque la corte así lo ordena? ¿Qué haces cuando no hay suficiente dinero para pagar tus cuentas?*

¿Qué haces cuando no puedes ver a tus hijos, o tienes un viaje de vacaciones planeado con ellos, y, en el último minuto, alguien decide por ti que no puedes llevarlos?

El propósito de este libro no es entrar en las estadísticas de cómo el divorcio afecta negativamente a las generaciones futuras. Asumiremos que el lector está al tanto de esos números. Hay toneladas de libros y estudios que muestran esas horribles estadísticas, ese no es mi objetivo aquí.

En su lugar, este libro es un mapa de viajero y un kit de herramientas para su supervivencia. Es un plan para tener éxito como padre soltero. Diseñé este libro para dar a los padres soluciones prácticas y accesibles que pueden tomar para ver la mejora en la vida de sus hijos ¡esta semana! Hay un montón de recursos en el mercado para mujeres y solo algunos buenos para hombres. Quería dar a los hombres un recurso simple, práctico y profundo para ayudarles a volver a ponerse de pie. Este libro es un trabajo en progreso. Lo ampliaremos completamente a un libro impreso para el Día del Padre de 2016, y habrá muchos recursos adicionales, entrevistas y extras en SingleDadsThrive. com.

No soy un asesor financiero, así que, cuando hablo de ejemplos personales y hago sugerencias sobre cosas que pueden hacer para crear más dinero y aliviar el estrés, es puramente anecdótico. Por favor, consulta con un profesional calificado y licenciado cuando tomes decisiones de dinero y de vida que te afecten a ti y a tus hijos.

RECONOCIMIENTOS

Feliz aniversario número 52 a mis padres, Bruce y Donna Butler. ¡Ustedes sí que son un verdadero ejemplo de abnegación y amor! Sé que no siempre ha sido un viaje "celestial" para ellos--como ambos podrían contarte, pero ha sido un recorrido que ha valido la pena, ya que sus vidas y su testimonio me han inspirado a mí y a otras miles de vidas en todo el mundo, al construir algo eterno y duradero. Sé que han recorrido un largo camino desde esa primera cita a ciegas en Tulsa en 1964, cuando un tipo con una banda llamada Charlie Daniels Band tocaba. Tienen una relación que a muchos les encantaría tener.

¡Gracias, mamá y papá, por sus vidas, por su historia, y por ser unos padres realmente increíbles!

Tom Newman Impact Productions, fue un placer compartir una oficina con ustedes y su personal en el mismo edificio. Gracias por todo lo que hacen para difundir la Palabra de Dios en forma de películas asombrosas.

Jim Bridenstine, también ha sido un placer compartir una oficina contigo y tu equipo de campaña. Haces que América sea más segura y eres un verdadero patriota y defensor de la Constitución. La siguiente vez que vote por ti será cuando te postules a la presidencia.

Ken, mi hermano mayor que me enseñó a jugar al béisbol. Todavía no puedo darte una paliza, aún si lo intentara.

Jeff Long, Billy Dalton, Tom Kole, Charles Jones, Ron Isam, Todd Rutherford, Doug, Ted Shropshire, y John Locher, han sido unos amigos increíbles y una gran fuente de fortaleza para mí.

SingleDadsThrive.com

MUCHAS GRACIAS A TODOS MIS MENTORES

Estoy sumamente agradecido con los mentores que he tenido a lo largo de mi vida. Sin mentores, estamos condenados a repetir los errores del pasado y a retroceder. Me oirás mencionar varios mentores a lo largo de este libro. A algunos los menciono con su nombre real, en otras ocasiones, por la naturaleza sensible de su trabajo y la fealdad de sus divorcios, he decidido cambiar sus nombres por protección.

Antonio, "Acababa de pasar por un divorcio y una gran batalla por la custodia. Gasté todo mi dinero, mi energía, y estaba agotado. Los consejos que compartieron conmigo en este libro me devolvieron la confianza y la autoestima. ¡Mi hijo y yo te agradecemos todos los consejos prácticos de este libro!"

¡GRACIAS!

Gracias por leer este libro. Si buscaste este libro o alguien lo compartió contigo, sin duda fue porque necesitabas soluciones rápidas, muchas respuestas y tips prácticos sobre cómo recuperarte y darle un giro positivo a tu vida nuevamente.

TABLA DE CONTENIDOS

HARRY CHAPIN
"CAT'S IN THE CRADLE"
O EL JUEGO DE LOS HILOS
LYRICS

LETRA EN ESPAÑOL

Mi hijo llegó al mundo justo el otro día,
vino al mundo de la forma usual,
pero había que tomar aviones, y pagar recibos.
Él aprendió a caminar mientras yo estaba de viaje,
y ya estaba hablando antes de que yo lo supiera.
Y mientras él crecía, decía,
"Voy a ser como tú, papá,
sabes que voy a ser como tú."

Y el juego de hilos (cat's cradle)
y la cuchara de plata (que se regala en el bautizo),
Little boy blue y The man in the moon (nanas)
"¿Cuándo vas a venir a casa, papá?" "No sé cuándo,
pero estaremos juntos entonces.
Sabes que entonces nos lo pasaremos bien."

Mi hijo cumplió diez años justo el otro día,
dijo, "Gracias por la pelota de béisbol, papá,
Ven, vamos a jugar. ¿Puedes enseñarme a lanzar?"
Yo dije, "Hoy no, tengo mucho que hacer."
Él dijo, "No pasa nada."
Y se marchó, pero su sonrisa, déjame decirte,
decía, "Voy a ser como él, sí,
sabes que voy a ser como él."

Y el juego de hilos, y la cuchara de plata,
Little boy blue y The man in the moon
"¿Cuándo vas a venir a casa, papá?" "No sé cuándo,
pero estaremos juntos entonces.
Sabes que entonces nos lo pasaremos bien."

El otro día, llegó de la universidad,
pareciendo tan hombre, yo tuve que decir,
"Hijo, estoy tan orgulloso de ti
¿Puedes sentarte un momento?
Él negó con la cabeza, y dijo con una sonrisa,
"Lo que de verdad me gustaría, papá,
sería que me dejases las llaves del coche.
Te veo luego. ¿Me las dejas, por favor?

Y el juego de hilos, y la cuchara de plata,
Little boy blue y The man in the moon
"¿Cuándo vas a venir a casa, hijo?" "No sé cuándo,
pero estaremos juntos entonces.
Sabes que entonces nos lo pasaremos bien."

Ha pasado ya tiempo desde que me jubilé,
y mi hijo se ha mudado.
Justo el otro día, le llamé, le dije,
"Me gustaría verte, si no te importa".
Él dijo, "Me encantaría, papá,
si pudiera encontrar el momento.
¿Sabes? Mi nuevo trabajo es un fastidio,
y el niño tiene la gripe.
Pero por supuesto que me ha gustado
hablar contigo, papá.
Por supuesto que me ha gustado hablar contigo."

Y cuando colgaba el teléfono, se me ocurrió,
que él se había hecho mayor tal y como yo.
Mi hijo era tal y como yo.

Y el juego de hilos, y la cuchara de plata,
Little boy blue y The man in the moon
"¿Cuándo vas a venir a casa, hijo?"
"No sé cuándo,
pero estaremos juntos entonces.
Sabes que entonces nos lo pasaremos bien."

Y el juego de hilos, y la cuchara de plata,
Little boy blue y The man in the moon
"¿Cuándo vas a venir a casa, hijo?"
"No sé cuándo,
pero estaremos juntos entonces.
Sabes que entonces nos lo pasaremos bien."

Parte 1

CAPÍTULO 1

NO ESTÁS SOLO

Según Bloomberg, 2,4 millones de divorcios ocurrieron el año pasado, dejando a 1,2 millones de hombres solteros. No sólo no estás solo, sino que hay padres solteros que han pasado por muchas de las experiencias que viviste tú.

En 1985, sólo había 300.000 hogares de padres solteros.
Hoy en día, hay 3 millones, según Pew Research.

Mientras escribo este libro, mis padres celebran 52 años de matrimonio. Están más enamorados que nunca, y yo estoy muy agradecido de haber sido bendecido al crecer en un hogar intacto. La parte triste, es que muchos de mis compañeros de Gen-X (tengo 47 años al momento de escribir este libro), y muchos Millennials (en sus veintes y principios de los 30) se encuentran criando a sus hijos solos o sin el apoyo de la pareja que llevó y dio a luz a su hijos durante nueve meses, algo que representa un verdadero desafío y oportunidad.

Crecí en la granja de Vinita, Oklahoma, con mis padres y mi hermano mayor, Ken. Crecer en el campo fue un sueño hecho realidad. Al vivir a nueve millas del pueblo con una casa en un árbol, un granero, 30 acres, dos caballos, una motocicleta y un jardín de un acre (tal vez sólo era un cuarto de acre, pero se sentía como un jardín de diez acres), me sentía como si fuera el protagonista de una novela de aventuras, como Tom Sawyer o Huck Finn. Tuve muchas aventuras increíbles y memorables con Ken y nuestros vecinos, Dave y Tony.

Montabamos a caballo, sacabamos heno, pescabamos y nadabamos en nuestro viejo estanque fangoso, acampabamos en nuestra gran tienda de campaña, y siempre teníamos amigos en casa. Todo el mundo quería venir a visitarnos, especialmente los niños del pueblo.

La iglesia y el béisbol eran mi vida, especialmente en verano. Después de realizar las tareas del jardín cada mañana, jugábamos al béisbol en el pasto, hasta que llegaba el momento de ponernos los uniformes e ir al pueblo para el partido.

Yo jugaba en el equipo de los chicos mayores, así que mi madre y la madre de David y Tony se turnaban para llevarnos al pueblo para los partidos y entrenamientos. Lo más destacado de ser el segunda base y que mi hermano, Ken, fuese el catcher es que nadie podía robar la segunda base.

Jugabamos durante tantas horas y años en la granja, que sacábamos a todos. ¡Y siempre los sacábamos en segunda base! Cuando yo tenía 13 y mi hermano 15, ganamos el campeonato con sólo ocho jugadores, en lugar de los tradicionales nueve. Para aquellos que saben de béisbol, eso significa que obteníamos un oul automático cuando el noveno "bateador fantasma" se acercaba a batear. Esto, junto al hecho de que nuestro entrenador sólo tenía 17 años, hizo que nadie pensara que ganaríamos. Pero ganamos ¡lo hicimos! ¡Ganamos el juego en tiempo extra, y la celebración fue más grande que cualquier Serie Mundial! Bebimos Dr. Pepper y nos quedamos despiertos hasta el amanecer, ¡reviviendo cada jugada!

*Mis 4 Increíbles hijos Michael, Matt, Josh & Jeremiah tienen
26, 24, 22 y 20 para el momento que se imprimió este libro.*

CAPÍTULO 2

¿HEMOS OLVIDADO A NUESTRO PADRE?

Fui al Dream Center del Templo Angelus en Los Ángeles el Día de las Madres. He seguido el increíble trabajo de Matthew y Caroline Barnett durante años, y quería mostrar mi apoyo y ver lo que han estado haciendo. He admirado su trabajo con las personas sin hogar y los que sufren en el área concurrida de Los Ángeles, así como su trabajo con la reintegración social de víctimas de tráfico de personas.

Siendo el Día de las Madres, Caroline compartió el mensaje de ese día, e hizo una observación interesante, "El Día de la Madre es el servicio de iglesia más atendido del año, y el Día del Padre es típicamente el servicio de iglesia menos atendido del año. Creo que la razón es que en el Día de las Madres, la mayoría de los pastores no paran de hablar de las maravillosas virtudes de las madres, y, en el Día del Padre, la mayoría de los pastores predican un sermón sobre cómo los hombres necesitan ponerse en forma." Lamentablemente, tengo que decir que estoy de acuerdo con ella. Esta tambien fue mi observación sobre el asunto. ¿Y tú, papá? ¿Te sientes golpeado por aquellos de los que esperas apoyo, amor, comprensión y afirmación?

Según Bloomberg, 2,4 millones de divorcios ocurrieron el año pasado, dejando a 1,2 millones de hombres solteros.

En medio del caos y el estrés del divorcio, muchas veces nos damos cuenta de que hemos olvidado el bienestar emocional de nuestros hijos, pero me preocupa la salud emocional, espiritual y mental de nuestros padres. ¿Qué hemos hecho con "Honra a tu padre y a tu madre"? ¿Cuántos hombres se sienten quebrantados y pateados por la sociedad, por los tribunales, por una ex-esposa, e incluso por sus propios hijos? Es mi objetivo, por la gracia de Dios, ayudarte, padre, a recuperar tu hombría.

A lo largo de este libro, te ayudaré a recuperar tu mojo, para que finalmente seas capaz de mirarte en el espejo y decir: *"Oye, no hice todo bien, pero lo hice lo mejor que pude con las herramientas que tenía en ese momento". Ahora, estoy listo para seguir adelante y hacer lo mejor que pueda por mis hijos y mi familia."* Esa es la clase de hombre que eres. El tipo de hombre que hace la diferencia y el tipo de hombre que se gana el respeto, la admiración y el amor de sus hijos.

Ahora mismo, aunque tus hijos te odien, te maldigan y no quieran verte, llegará el día en que te honrarán y respetarán, porque habrás tomado las decisiones correctas en medio de este lío. Aún si gran parte del desastre o incluso todo el desastre sea culpa tuya. Eventualmente podrás llegar al punto en que sientas paz y ellos también, porque te has movido a un lugar emocionalmente sano, has tomado posesión de tu vida y tus acciones, y ellos lo ven, lo sienten, lo saben y están en paz con ello. Ese es mi objetivo para ti: que no sólo seas capaz de mirarte en el espejo y sentirte bien y creerlo cuando te digas a ti mismo en ese espejo, "¡Eres un buen padre!", sino que también puedas estar orgulloso del hecho de que, con la Gracia de Dios, puedes mantener la cabeza alta, y tus hijos pueden estar orgullosos de llamarte "Papá".

En muchos estados y en muchas situaciones la corte no favorece a los papás. Parece que para muchos padres divorciados, "el sistema" y los tribunales están en su contra. Lo que hay que recordar aquí es que aunque permanecer en la vida de tus hijos después del divorcio no será fácil, la estabilidad a largo plazo puede ser el resultado de paciencia paternal y mucha persistencia de nuestra parte. Todo irá bien siempre que tengas en cuenta que tomará un tiempo prolongado y será un esfuerzo de por vida.

Tal como embarcarse a nadar en mar abierto para que nuestros hijos puedan usar el único salvavidas en el barco, un divorcio es como un barco volcado. Por ello, como hombres necesitaremos ayuda, coraje y recursos para estar presentes para nuestros hijos y guiarlos a la seguridad, la confianza y el éxito como jóvenes adultos en crecimiento con familias propias a futuro.

CAPÍTULO 3

SOY UN PADRE ORGULLOSO POR 4

Mi hijo menor, Jeremiah, acaba de graduarse de la escuela secundaria con el honor de ser el mejor estudiante culinario de Oklahoma. Estoy muy orgulloso de él y de mis otros tres hijos. Michael Jr. tiene 25 años, Matt 23, Josh 21 y Jeremiah 18. Parece que fue ayer cuando tenían diez, ocho, seis, cuatro años y su madre y yo navegábamos por aguas infestadas de tiburones del tribunal de divorcios.

Tengo que admitir que, aunque he llegado a tener una buena relación con mis cuatro hijos a lo largo de los años, no siempre fue así. Hubo momentos en que estaban procesando su propia ira por nuestro divorcio, y no querían pasar tiempo conmigo.

Muchos de ustedes pueden estar pasando por algo similar ahora, y duele, pero tienen que respetar a sus hijos durante este tiempo y darles algo de espacio. Es durante estos momentos que te ponen a prueba, para ver si todavía los amas y estarás ahí para ellos cuando te digan que te odian y que no quieren volver a verte.

Durante un momento, intentemos mirar la vida a través de su perspectiva: su mundo se ha puesto patas arriba. Todo sobre su seguridad, su salud emocional, y su paz fue arrojado por la ventana con mamá y papá gritando en el fondo. Los estudios muestran que los niños nunca abandonan el sueño de que sus padres vuelvan a estar juntos algún día. Desafortunadamente, el divorcio afecta negativamente a nuestros hijos. Los envejece, los atormenta, destruye su confianza, hace que se cuestionen todo, e incluso puede robarles su sentido de seguridad, identidad y motivación.

Por otra parte, este no es un libro sobre los traumas del divorcio, las razones para el divorcio o de que forma el divorcio perjudica a padres y a hijos.

Este libro es una guía de supervivencia para padres solteros que están pasando por un divorcio. Padres que se han divorciado recientemente o que se encuentran solteros de nuevo después de terminar una relación. Independientemente de si querías que la relación terminara o no, hombres, padres, amigos, aquí estamos y aquí vamos. Hay una luz al final del túnel, ¡Y no es un tren!

Así que mi objetivo con este libro es ayudarte como hombre soltero a sobrellevar la pérdida de una relación y darte las herramientas ¡No sólo para sobrevivir sino para prosperar!

Este no es un libro para víctimas. Este no es un libro para cobardes. Escribí este libro para ayudarte a tener éxito y realmente creo que ahora tienes los recursos que necesitas para levantarte con éxito y minimizar el trauma y la pérdida en sus vidas, la tuya y la de tus hijos.

Los trabajos de investigación demuestran que no hay nada más traumático en la vida que un divorcio, con la posible excepción de la muerte.

La escala de estrés de Holmes y Rahe es una lista de 43 eventos estresantes en la vida que pueden contribuir a enfermedad. En 1967, los psiquiatras Thomas Holmes y Richard Rahe examinaron los registros médicos de más de 5.000 pacientes para determinar si los eventos estresantes podían causar enfermedades. Se les pidió a los pacientes que contaran una lista de 43 eventos de vida basados en un puntaje relativo. Se encontró una correlación positiva de 0,118 entre sus eventos de vida y sus enfermedades.

ESCALA DE EVALUACIÓN DE REAJUSTE SOCIAL (SRRS)
DE HOLMES Y RAHE

Este cuestionario pretende medir la magnitud de los acontecimientos vitales estresantes que una persona ha sufrido durante el último año.

Señale con una "X" en el casillero de aquél o aquellos acontecimientos vitales que le han sucedido durante el último año

COLOQUE "X"	Nº	Acontecimiento Vital	Puntaje
	1.	Muerte del cónyuge	100
	2.	Divorcio	73
	3.	Separación Matrimonial	65
	4.	Cumplimiento de una condena de cárcel	63
	5.	Muerte de un familiar cercano	63
	6.	Lesión o enfermedad personal	53
	7.	Matrimonio	50
	8.	Despido del trabajo	47
	9.	Desempleo	47
	10.	Reconciliación matrimonial	45
	11.	Jubilación	45
	12.	Cambio en la salud de algún miembro de la familia	44
	13.	Drogadicción y/o alcoholismo	44
	14.	Embarazo	40
	15.	Dificultades o problemas sexuales	39
	16.	Llegada de un nuevo miembro de la familia	39
	17.	Ajustes en los negocios	39
	18.	Cambio en la situación económica	38
	19.	Muerte de un amigo íntimo	37
	20.	Cambio a un trabajo distinto	36
	21.	Mala relación con el cónyuge	35
	22.	Juicio por hipoteca o préstamo	30
	23.	Cambio en las responsabilidades en el trabajo	29
	24.	Hijo o hija que deja el hogar	29
	25.	Problemas legales	29
	26.	Logro personal notable	28
	27.	La esposa comienza o deja de trabajar	26
	28.	Comienzo o final de la educación escolar	26
	29.	Cambios en las condiciones de vida	25
	30.	Revisión de los hábitos personales	24
	31.	Problemas con el jefe en el trabajo	23
	32.	Cambio en las horas o de condiciones de trabajo	20
	33.	Cambio de residencia	20
	34.	Cambio de colegio	20
	35.	Cambio de las actividades de ocio	19
	36.	Cambio en las actividades religiosas	19
	37.	Cambio en las actividades sociales	18
	38.	Cambio de hábito de dormir	17
	39.	Cambio en el número de reuniones familiares	16
	40.	Cambio de hábitos alimenticios	15
	41.	Vacaciones	13
	42.	Navidades	12
	43.	Leves trasgresiones de la ley	11
		PUNTUACION =	

(Obtenido de www.medicosfamiliares.com, versión original en inglés disponible como Social Readjustment Rating Scale o SRRS)

Los resultados de la investigación de estos psiquiatras fueron publicados y estandarizados como la Escala de Calificación de Reajuste Social (SRRS), comúnmente conocida como la Escala de Estrés de Holmes y Rahe. Su validación posterior ha dado soporte a las propuestas de vínculos entre estrés y enfermedad.

Escala de 300+: En riesgo de enfermedad.

Puntuación de 150-299: Riesgo de enfermedad moderado (reducido en un 30% del riesgo anterior).

Puntuación <150: Con un riesgo ligero o mínimo de enfermedad.

Echa un vistazo a esta escala y mira cuántos eventos impactantes de la vida has pasado y cómo esto puede afectar tu estado emocional, mental y espiritual ahora.

Los investigadores realizaron un estudio similar con niños e incluyo los resultados de sus hallazgos más adelante, a través de una gráfica visual similar, en el **Capítulo 9 "Cómo Criar Niños Emocionalmente Sanos."**

Muchos comentaristas han dicho durante años que el divorcio es peor que la muerte, pues muchas veces con la muerte hay un cierre definitivo. Sin embargo, obtener un cierre en un divorcio, especialmente si hay niños involucrados puede ser algo un poco complicado.

En el último capítulo de este libro doy una lista completa de recursos y herramientas para ayudarte a ti-como padre soltero-y a tus hijos a prosperar con el dinero, los hijos, las relaciones, la salud emocional y la salud espiritual.

La situación en la que te encuentras hoy al enfrentar tu divorcio, es más real que un reality show de TV y el reloj está en cuenta regresiva. Tu supervivencia y la de tus hijos está en una carrera contra el reloj y contra tu capacidad de reconectarte emocional, mental, financiera y espiritualmente con tu propósito de vida y navegar con tu familia hacia aguas más seguras. Lo que hagas ahora puede tener un impacto histórico en el futuro de tu familia en asuntos financieros, emocionales, espirituales y sociales.

Si tu divorcio te exige un cambio de carrera y/o un cambio geográfico, tus factores de estrés se multiplican muchísimo más.

Esto es como ser elegido para la temporada más dura de supervivencia, con todo el mundo mirando. Excepto que aquí no hay pantallas verdes, ensayos, repeticiones, llamar a un amigo, o líneas de vida disponibles. Lo único que hay en tu mochila es una calculadora, un libro de tu elección, un cuchillo, un fósforo, una linterna y una botella de agua vacía.

¡Así que abróchate el cinturón y vamos a dar el paseo de tu vida!

Definición de SOBREVIVIR

Sobre•vivir•

El estado o hecho de continuar viviendo o existiendo a pesar de un accidente, una prueba, o circunstancias difíciles.

"Las posibilidades de supervivencia del animal eran bastante bajas"

En este libro, no me enfoco en el pasado. Este no es un libro de "Cómo arreglar tu matrimonio". Este es un libro sobre supervivencia financiera, emocional, física y espiritual una vez que tu matrimonio ya ha terminado o está en proceso de terminar.

Como alguien que ha pasado por un divorcio que alteró toda su vida, créeme, he estado justo donde estás. He experimentado no sólo el dolor y el trauma del divorcio, sino también la culpa, el estigma, los dolores, la incomodidad, la decadencia económica y todas las que vienen con él.

Debo enfatizar que este no es un libro sobre el trauma del divorcio, las razones para divorciarse o lo mucho que el divorcio perjudica a padres y a hijos. Este es un libro para sobrevivientes, guerreros y líderes. Para los hombres que han perdido sus matrimonios y sus hijos pero se niegan a rendirse, a darse vuelta o a hacerse los muertos. Se trata de que tú, tu cerebro y tu confianza vuelvan al juego de la vida y sigan adelante, después de todo, es lo mejor para ti y para tus hijos, ¿verdad?

Parte 2

CAPÍTULO 1

¿QUE QUIERES QUÉ?

*"Cuando estás soltero, todo lo que
ves es matrimonios felices; cuando
estás casado, todo lo que ves es
gente feliz siendo soltera."*

Michael D. Butler

La Pesadilla Recurrente

Me desperté en pánico, sudando frío y jadeando por aire. Había tenido este sueño—o más bien, esta pesadilla— incontables veces antes, pero, esta vez, parecía más real que nunca. Solo tenía 5 años, y todo ocurría en medio de la noche. Encendía la luz del dormitorio para asegurarme de que mi hermano de siete años seguía en la litera de arriba de nuestra pequeña casa de tres habitaciones en la zona rural de Oklahoma. Calmando mi corazón y mis nervios, me arrastraba lentamente de vuelta a la cama, dejando la luz encendida.

En la pesadilla, Kenny y yo estamos en el asiento trasero del auto de mis padres mientras ellos conducen por la autopista. De repente, estos se convierten en padres del Planeta de los Simios con las caras feas, de aspecto simiesco y con pelo por toda la cara y el cuerpo, como animales salvajes. Luego, desaparecen en el aire, dejando el coche sin conductor ni pasajero en el asiento delantero. Mi hermano y yo nos miramos y gritamos de miedo, pero rápidamente saltamos al asiento delantero. Casi instintivamente, él se agarra al volante, tratando de evitar los coches que vienen en dirección contraria. Como soy más pequeño, voy por la tabla del piso para maniobrar el acelerador y el freno, sin estar seguro de cuál es cuál. Mientras tratamos desesperadamente de evitar un naufragio, me despierto en pánico y suspiro profundamente, dándome cuenta de que sólo fue un sueño.

Recuerdo que cuando era joven, oía a mis padres discutir, gritar y pelear verbalmente. No duró mucho tiempo, y no recuerdo que pasara después de mis cinco años. La inquietud, el estrés y la tensión que llenaba nuestra casa antes de mi quinto cumpleaños siguen conmigo hasta el día de hoy. Recuerdo la sensación de enfermedad e impotencia que tuve cuando mi madre y yo saltamos al auto y nos fuimos por la calle, con el rímel corriendo por su cara mientras me decía que sólo necesitaba unos minutos de tranquilidad para pensar y dejar que las cosas se calmaran. Pero, como un niño de cuatro años, realmente crees que es verdad, realmente crees que tu madre y tú se van a mudar, sin tu padre y tu hermano. Esto sólo pasó una vez, y recuerdo vívidamente cómo me sentí. Esta es la verdadera razón por la que no quería el divorcio. No quería que mis hijos pasaran por los sentimientos de inseguridad e inestabilidad que yo había sentido en ese momento. La realidad, sin embargo, es que nos pasó a mí y a mis hijos, y les pasa a las familias de todo el mundo a diario.

Desafortunadamente, lo que fue sólo una pesadilla para mí, es una realidad que muchos niños deben enfrentar. Es importante recordar que están lidiando con el trauma de un hogar roto con todo su efecto emocional, cicatrices y daños colaterales.

El divorcio - Ese regalo que sigue trayendo cosas

"¡Quiero el divorcio!" Para cualquiera que haya escuchado esas palabras o haya dicho esas palabras a un cónyuge, puede haber una amplia gama de emociones, una marea de sentimientos que vienen con esas palabras.

La negación y la ira son típicamente las dos primeras etapas del dolor que la gente tiene que pasar durante la pérdida, ya sea que la pérdida sea por muerte o por divorcio.

Grief.com te ofrece una visión completa de las cinco etapas del duelo, cómo reconocer lo que sientes y cómo navegar hacia adelante en tu viaje hacia la aceptación y la integridad. Comenzando con la negación y la ira, el proceso de duelo en una muerte es muy similar a lo que la mayoría de la gente experimenta durante un divorcio.

Pasar por un divorcio es uno de los momentos más estresantes y dolorosos de la vida. Lo sé, he pasado por ello.

El divorcio, lo quieras o no, te hace sentir como si te hubiera atropellado un camión y te hubiera dado por muerto.

El matrimonio es la unión de dos personas que se convierten en una sola. No es de extrañar que el divorcio duela tanto como lo hace, es como si perdiéramos la mitad de nosotros mismos. Por desgracia, por mucho que el divorcio nos duela a los adultos, la verdad es que son los niños los que más sufren. Los psicólogos nos dicen que, la mayoría de las veces, los niños de todas las edades internalizan el divorcio de sus padres de forma poco saludable y, a menudo, se culpan a sí mismos.

¿Alguna vez estas REALMENTE preparado para el matrimonio?

Casarse es como tener hijos o ir a la guerra. Sin importar cuánto te prepares, nunca te sientes realmente listo -o, al menos, yo no lo estaba.

Me casé joven, tenía 20 años, y mi novia tenía 18. Un fin de semana me gradué de la universidad de dos años, mi prometida se graduó de la secundaria una semana después, y el fin de semana siguiente, nos casamos. No hace falta decir que fue un mes muy ocupado. Habíamos asistido a seis semanas de asesoramiento matrimonial, leímos algunos de los libros prescritos y sentíamos que estábamos listos para una vida de felicidad y envejecer juntos, criando a los niños.

La gente a menudo pregunta por qué nos casamos tan jóvenes. Me gusta decir, "Teníamos que hacerlo; estábamos enamorados". El hecho es que la gente, especialmente la gente del Medio Oeste, se casó joven. Lo obtuvimos de nuestros padres y abuelos que crecieron en la granja y se casaron con sus vecinos. Para aquellos de nosotros que queríamos esperar a casarnos para tener sexo, a menudo, este factor causaba que muchos adelantaran la fecha de la boda, especialmente si habían estado saliendo por algún tiempo, como nosotros, ¡tres años!

Afortunadamente, después de casarnos tuvimos dos años para conocernos antes de tener nuestro primer hijo. Personalmente creo que muchas parejas se pierden esta fase básica de "conocerse" al tener hijos de inmediato.

Cometí un Montón de Errores

Mirando hacia atrás, era joven, ingenuo, muy orgulloso y egoísta. Puede que por fuera pareciera un humilde y obediente joven que jugaba en equipo, pero por dentro era compulsivo, impaciente y petulante.

Nuestra primera pelea

Recuerdo que nuestra primera pelea ocurrió la mañana de nuestra luna de miel. Estábamos viajando, y yo quería un gran desayuno, con huevos, galletas, y todos los acompañamientos, y mi nueva esposa sólo quería una dona. No tenía la habilidad, ni la sabiduría ni la capacidad de comunicarme de forma no defensiva, para que ambos pudiéramos conseguir lo que queríamos. En vez de eso, conseguí lo que quería, y ambos estuvimos enfadados el resto del día. El aire entre nosotros era tan frío que se podía cortar el silencio con un cuchillo. Esta no era una buena manera de empezar un matrimonio. Era inseguro y me ofendí cuando sentí que mis sentimientos no eran respetados, y con ello, alejé el amor, en lugar de crear un ambiente donde pudiera florecer y crecer.

Durante los siguientes ocho años, tuvimos cuatro hijos: uno cada dos años. En nuestros primeros diez años de matrimonio, hicimos todas las cosas que hacen las parejas que crían hijos: cambiar pañales, encontrar niñeras, leer libros con nuestro hijo, acunarlos para que se duerman, recitar canciones infantiles, ir de vacaciones familiares, llevarlos a la escuela, a la iglesia y a los deportes, organizar citas de juego, enseñarles a leer, caminar y hablar y, por supuesto, tratar de enseñarles a no matar a sus hermanos.

CAPÍTULO 2

NO TE DIVORCIES DE TUS HIJOS

Es fácil volverse egoísta y celoso de nuestros propios sentimientos en el divorcio, pues tenemos tanto dolor que nos olvidamos de lo que nuestros hijos están pasando. Dependiendo de la edad de tu hijo, lo mejor, según mi experiencia, es estar presente, hacer preguntas, y escuchar a nuestros hijos, aceptando sus sentimientos sin juzgarlos.

Si ellos quieren estar enfadados, deja que lo estén. Si quieren retirarse, deja que se retiren. Si quieren maldecirte, déjalos hacerlo. No creo que sea un comportamiento por el que deban ser castigados, ¡acaban de pasar por un divorcio también! Creo que es una forma saludable de expresar su dolor, ira y pena, y de comenzar el proceso de curación. Si nuestros hijos no pueden sentirse seguros para comunicarnos sus heridas en medio de este momento tan vulnerable, ¿con quién más podrán compartirlas?

Recuerdo haber recibido la llamada de la madre de mis niños cuando Josh tenía cuatro años. Resulta que Josh se había caído de nuestro porche y el nudo resultante en su cabeza creció más grande que el tamaño de Texas y más rápido que la nariz de Pinocho. Por supuesto, ella se asustó y quiso llevarlo a la sala de emergencias cuanto antes. Fue entonces cuando una enfermera en nuestro vecindario nos dijo que el verdadero peligro era si el nudo no salía; pues es entonces cuando hay que preocuparse por daños internos.

Prefiero ver algunos ataques de ira, rabia y dolor de mis hijos ahora, que dentro de diez o veinte años, cuando se vean obligados a internalizar todo. Como el nudo en la cabeza de mi hijo, tienes que dejar las cosas salir, en vez de dejarlas quedarse dentro de ellos, causando otro tipo de daño interno.

En el capítulo 7, Cómo Criar Niños Emocionalmente Sanos, hablo de un gran recurso llamado Recuperación del Divorcio para niños www.dc4k. org, el cual es sumamente útil pues cuenta con sesiones de grupo para niños en los mismos horarios/lugares de Recuperación del Divorcio para adultos. www.divorcecare.org

Tener un lugar seguro donde los niños puedan jugar, hacer actividades y hablar con otros niños y voluntarios profesionales que se especializan en la recuperación del divorcio es algo muy valioso.

Sufría tanto después de mi divorcio que fui como el pasajero de un avión que se estrella que PRIMERO necesitaba asegurar mi propia máscara de oxígeno, antes de ayudar a mis hijos. Eventualmente podría estar ahí para mis hijos, pero, primero, tenía que estabilizarme.

Tomé prestado el título de este capítulo, *"No te divorcies de tus hijos"*, del libro "No te divorcies de tus hijos" de William A.H. Sammons, MD y Jennifer M. Lewis, MD, disponible en Amazon.

Los doctores Sammons y Leis dan algunos de los mejores consejos que encontrará en Internet ChildrenAndDivorce. com para mantenerte a tí mismo y a tus hijos sanos durante el proceso de divorcio.

Responsabilidades de los padres en el divorcio

Durante el proceso de divorcio y después de él, hay ciertas responsabilidades que tienen ambos con sus hijos. Aquí están algunas de ellas::

1. Comunicarles conjuntamente a los niños su decisión de separarse/divorciarse.
2. Responder a las preguntas con sinceridad. No mientan.
3. No sustituyan los regalos por amor, tiempo y atención.
4. Faciliten las visitas del otro padre de manera predecible y regular.
5. Designen espacio para que los niños pasen tiempo de manera individual con cada padre.
6. Discutan periódicamente con sus hijos sus deseos sobre la residencia de cada uno y las visitas.
7. Participen activamente en la vida de sus hijos.
8. Faciliten la comunicación privada con cada padre por teléfono, correo o fax, etc.
9. Animen a sus hijos a entender la importancia de mantener ambas relaciones paternas.
10. Mantengan los tiempos de entrega libres de discusiones y hostilidad entre padres.
11. Hablen de los sentimientos de culpa de sus hijos por haber causado el divorcio.
12. Absténganse de usar a sus hijos como mensajeros entre padres.
13. Absténganse de usar a sus hijos como rehenes o armas contra su ex-cónyuge.
14. Absténganse de pedir a sus hijos que guarden secretos del otro padre.
15. Apoyen las relaciones con ambas familias extendidas.
16. Ofrezcan acceso a un adulto neutral (terapeuta/profesor/pediatra/árbitro/sacerdote) cuyo interés principal sea el bienestar de los niños.
17. Ayuden a sus hijos a entender los términos del acuerdo de divorcio, incluyendo las disposiciones financieras, educativas y de visitas.

18. No expongan a sus hijos a sus relaciones románticas transitorias.
19. No abandonen el contacto con sus hijos bajo ninguna circunstancia.

Los derechos de los niños

Basándonos en nuestra comprensión del desarrollo infantil y nuestra experiencia, hemos construido una lista de derechos de los niños, los cuales son la piedra angular de nuestro pensamiento. Reconocer estos derechos es la clave para una relación sana y alegre con los hijos después del divorcio.

- Una relación duradera con ambos padres
- El estatus número uno en la vida de sus padres
- La cooperación de los padres durante el divorcio
- Respuestas sinceras a sus preguntas
- Alivio a los sentimientos de responsabilidad y de culpabilidad
- Libertad de la hostilidad entre padres
- La atención a sus pensamientos y sentimientos
- La entrada en el programa de visitas
- La privacidad en la comunicación con la familia y los amigos
- La inexistencia de un desplazamiento por relaciones de competencia
- La inexistencia de responsabilidades donde hijos deban servir como figuras paternas para sus padres y/o hermanos
- Libertad de no ejercer el papel de mensajeros
- No coerción para guardar secretos al otro padre
- Un entendimiento sobre el acuerdo de divorcio

El extracto anterior fue tomado del sitio web: childrenanddivorce.com

Creo que la principal conclusión que quiero darte en el capítulo 2 es que no hay palabras correctas o incorrectas para decirle a tus hijos durante el divorcio. Lo principal es: Mantente presente para ellos, ámalos, hazles preguntas, solo no les presiones para que hablen, ellos se abrirán cuando estén listos y se sientan seguros. Los niños no recuerdan todo lo que decimos, recuerdan cómo se sienten cuando están con nosotros.

CAPÍTULO 3

DETÉN EL DERROCHE DE DINERO

Pocas cosas pueden vaciar tu cuenta bancaria como un divorcio. Dependiendo del experto en divorcios/matrimonios o gurú financiero con el que hables, oirás cosas como "Un divorcio te hará retroceder siete años, etc." Como un barco que se vuelca en medio del Océano Pacífico, un divorcio puede dejarte sintiéndote indefenso, vulnerable y susceptible a un ataque económico. Asumiendo que las finanzas sean un reto para ti, estadísticamente, la mayoría de los divorcios ocurren como resultado de una crisis financiera. Esta sección te ayudará a hacer un inventario honesto de dónde te encuentras y cómo mejorar su situación financiera.

El primer paso que debes tomar para estabilizar tus finanzas como padre soltero divorciado es:

1. Haz un inventario

Realiza un presupuesto. En un lado de una hoja de papel, anota todos los ingresos y fuentes de ingresos que tienes cada mes, y en la otra cara, anota todos los gastos que puedes predecir para los próximos 90, 180 y 365 días. Una vez que hayas terminado, añade un 20 por ciento al lado de los gastos, porque habrá sorpresas inesperadas e imprevistas. Desde los honorarios de los abogados hasta la contratación de niñeras, pasando por los gastos de mudanza, gastos adicionales relacionados con el trabajo y el regreso a clases, para mejorar tu capacidad de contratación y tu currículum, es importante presupuestar los gastos adicionales imprevisibles pero casi seguros. Ahora, si eres lo suficientemente afortunado para estar en números negros, ¡bien por ti! La mayoría de los padres recién divorciados se encuentran en el lado negativo del balance al realizar este ejercicio.

"Si tus gastos exceden tus ingresos - Tu mantenimiento será tu perdición."

Tony Cooke

Hace poco escuché en la radio que la deuda promedio de los hogares en los Estados Unidos -sin incluir deudas relacionadas a hipotecas- ha aumentado un 20 por ciento al año. Las familias están gastando más, pero lo están haciendo con tarjetas de crédito. Aunque estas cifras son buenas noticias para los minoristas a corto plazo, el impacto financiero a largo plazo para nuestras familias, nuestro futuro y nuestra nación en general es desalentador. Es importante vigilar de cerca tus finanzas a lo largo de tu divorcio, o puede que te encuentres a ti mismo nadando en deudas.

2. Reduce tus gastos generales siempre que se pueda

Esto significa eliminar todos los gastos extras e innecesarios, para poder sobrevivir financieramente. Habla con un buen abogado y estratega de impuestos o asesor financiero para averiguar dónde tiene sentido recortar gastos.

¿Alquilas un coche? Tal vez puedas bajar de categoría tu auto y conducir un modelo más viejo que puedas adquirir para que este ya esté pago, de modo que no tengas que pagar por auto durante algunos años. Esto podría implicar vender la casa o alquilarla, a cambio de algo más pequeño que no requiera que viertas tu dinero en un foso de dinero interminable y gastes horas de cada mes en mantenimiento. Recuerda, tus hijos crecerán y se irán antes de que te des cuenta. Siempre puedes reinvertir en una casa grande o en una propiedad en el futuro. ¿Vives gracias a tus tarjetas de crédito? ¿Utilizas tarjetas de crédito para pagar comestibles o los servicios públicos? ¿Estás realizando sólo los pagos mínimos de las tarjetas de crédito? Si es así, te diriges hacia problemas financieros y muy rápidamente.

3. Conviértete en el Rey del Efectivo - Deja de Vivir con Créditos

Vivimos en una sociedad de "compre ahora, pague después, quiero todo ahora". Pocas personas tienen la disciplina o la paciencia de esperar y pagar por algo sólo cuando pueden permitírselo. Pero, lo creas o no, esa es la forma más antigua y efectiva de hacerse rico. Mis padres se jubilaron a los 65 años y no tienen que trabajar un día más en su vida, no importa cuánto tiempo vivan. Han podido hacerlo gracias a los principios que vivieron y nos enseñaron a mí y a mi hermano. Principios a los que no siempre me he adherido, pero a los que siempre he aspirado. Si no puedes permitírtelo, no lo compres. Vive una vida disciplinada, y no gastes dinero que no tienes. Las tarjetas de crédito no son dinero en efectivo, son deudas. Son grilletes, una bola y una cadena que te mantendrán esclavo de por vida. Y, si no puedes pagarlas cada mes, tal como una pitón hambrienta, lento pero seguro, te ahogarán financieramente.

Cuando digo que te conviertas en el rey del efectivo, eso significa pagar en efectivo por todo. No te endeudes por nada, a menos que sea un vehículo que genere ingresos, una propiedad para realizar alquileres u otras inversiones.

Paga las tarjetas de crédito cada mes, con el objetivo de no acumular intereses. Decide que el primer mes que no puedas pagar las tarjetas de crédito, las cortarás. Pocos tienen la disciplina para hacer esto, pero, si lo haces, eres alguien que puede sentirse bien ganando millas de avión y otros beneficios de las compañías de tarjetas de crédito.

DaveRamsey.com es un recurso valioso. Su Universidad de Paz Financiera ha ayudado a millones de personas a salir de sus deudas rápidamente, junto con su útil sitio web EveryDollar.com.

4. Obtén un trabajo extra para ganar algo más de dinero

Luz de la luna –o tener un segundo empleo– es una excelente manera de salir adelante para un padre con problemas financieros o un padre que quiera construir una reserva de fondos para protegerse de futuras crisis financieras. Una jornada de trabajo a tiempo parcial no sólo puede proporcionar ingresos adicionales, sino que puede convertirse en una salida tanto social como mental para obtener un descanso de la mirada constante de cuatro paredes de un apartamento vacío, tranquilo y solitario.

Al crecer en una granja y ver el ingenio de mi padre, siempre he sido capaz de producir dinero en efectivo muy rápidamente y nunca he estado sin trabajo ni un solo día de mi vida. No siempre he tenido los trabajos que he querido, pero siempre he podido pagar mis cuentas y mantener las luces encendidas. A lo largo de los años, además de mi carrera principal, he hecho muchos trabajos ocasionales y proyectos extra para ganar dinero para mí y mi familia.

En su momento, hubo una cierta cantidad de miedo que tuve que enfrentar como padre cuando me enteré que los bebés tres y cuatro estaban en camino. Sin embargo, ese miedo momentáneo fue reemplazado por la paz de saber que tenía los recursos necesarios para ser un buen proveedor y padre.

Además de seguir mi camino como pastor, educador cristiano y ministro de jóvenes en la Escuela Bíblica de Seminaristas, he complementado mis ingresos durante tiempos de escasez trabajando en el comercio minorista, iniciando una empresa de limpieza que creció hasta tener 12 empleados a tiempo completo, trabajando en marketing de Internet, marketing de redes, ventas directas, y finalmente, trabajando en mi verdadera pasión: dirigir una empresa de marketing y una editorial de éxito.

5. Ajusta tus retenciones de W-2

Si actualmente tienes un empleo y eres un empleado de W-2, puedes aumentar tus retenciones para poner más dinero en tu cheque de pago semanalmente. Nunca fue mi intención darle al gobierno un préstamo sin intereses. A algunas personas les gusta recibir unos cuantos miles de dólares cuando presentan su declaración de impuesto sobre la renta, a mí no me interesa; siempre me ha gustado recibir mi dinero al momento. Consulta con un experto de todas maneras, sin embargo esta puede ser una gran manera de aumentar tu flujo de efectivo semanal.

Nota: No soy abogado, asesor financiero, y/o contador público. Es preciso que consultes con asesores competentes y calificados sobre asuntos financieros.

Por otro lado, después de quince años de pagar la manutención de mis niños, cuatro juegos de frenos, varias facturas dentales, facturas del médico por demasiados huesos rotos y muchos puntos de sutura más para contar, me han dado el conocimiento para aprender la importancia de dominar tus finanzas y planificar a futuro. Además de los gastos habituales, a lo largo de los años, hubieron gastos sorpresa que me hubiesen paralizado de no haber estado preparado, entre los que se incluyen: numerosas cirugías para Jeremiah para intentar reparar un oído sordo, cuatro rondas de quimio para Joshua, así como un trasplante de médula ósea, una apendicectomía y varias otras cirugías relacionadas con su estancia en el hospital mientras superaba la leucemia mieloide aguda. Si tienes hijos, habrá emergencias, por lo tanto planifícate bien para ello.

6. Vende tu basura

Así es, haz una buena venta de garaje a la antigua. Te sorprenderías de lo mucho que puedes ganar vendiendo tu "basura". A muchos amigos les sugiero que esto para terminar cobrando cientos, incluso miles de dólares, sólo por eliminar su basura.

7. Préstamo de consolidación de deuda

Puedes eliminar las tarjetas de crédito de alto interés obteniendo un préstamo de consolidación de deuda. Esta estrategia es buena para manejar tarjetas de crédito de alta tasa de interés y tener sólo un pago, en lugar de 16. El gran reto con esto es que mucha gente aumentará sus gastos y recargará sus tarjetas de crédito, algo que los llevará a tener aún más deudas que antes. Si puedes evitar cometer ese error, esta es una buena opción para ti.

8. Fondo de emergencia

Yo me subscribo a la filosofía de Dave Ramsey que consiste en pagarse a sí mismo primero y tener un fondo de ahorro de emergencia para accidentes, incidentes y emergencias.

¿Eres un Papá de Disneylandia?

A veces, como resultado de la culpa asociada a un divorcio y la culpa de no estar ahí para sus hijos las 24 horas del día, algunos padres adoptan un enfoque de "Papá de Disneylandia". Aun cuando es genial hacer cosas divertidas con los niños para ayudar a aliviar el dolor de un divorcio, este enfoque de compensar en exceso, especialmente si se hace para molestar a la madre o por la culpa de una aventura, puede ser contraproducente.

La mayoría de los niños sólo quieren pasar un buen rato con su padre; no tiene por qué ser Disneylandia todos los fines de semana.

Definición de "Papá de Disneylandia", del UrbanDictionary

Término utilizado para describir el papel que cumplen algunos padres divorciados, en el cual atienden a sus hijos biológicos solo durante ciertos momentos prestablecidos del año (parecido a unas vacaciones) en lugar de ser padre a tiempo completo.

María: Puedes llevarte a los niños los fines de semana durante el verano.

Ted: ¡De ninguna manera! ¡No voy a ser un padre de Disneylandia!

Recuerdo que después de nuestro divorcio en 2001, sólo dos meses después del 11-S, ya estábamos legalmente divorciados. Los chicos tenían diez, ocho, seis y cuatro años.

Habíamos estado separados desde enero; yo estaba en mi apartamento y quería que todo volviera a ser como antes. Ahora bien, pronto aprendería que los viajes al parque, Chuck E. Cheese, el zoológico y la iglesia significaban tanto para mis hijos como Disneylandia en ese momento. Eso era algo bueno, porque, en ese momento, apenas podía permitirme Chuck E. Cheese. Más tarde, hicimos algunos viajes agradables, pero al principio, yo pellizcaba centavos en cualquier lugar que pudiera. Muchos de esos fines de semana incluían un expreso extra para mantenerme al día con mis cuatro hijos.

Crecen tan rápido, pero el tiempo que pude invertir valió la pena. Claro que cuando crecieron, no siempre querían venir a verme -tenían sus amigos, sus coches y sus trabajos- así que valoré mucho el tiempo que pasé con ellos cuando eran pequeños. Valora el tiempo que pasas con tus hijos e involúcrate tanto como puedas, durante todo el tiempo que puedas. Esta es la relación que realmente importa, la que tienes con tus hijos.

Solución de vivienda extrema

Cuando me entregaron los papeles del divorcio, tenía sentido para mí el rentar un apartamento. Con cuatro hijos y trabajando incontables horas, no tenía sentido que luchara por la custodia y enviara a la madre de los niños a trabajar mientras yo contrataba a una niñera para que cuidara a mis hijos, ya que su madre había sido una ama de casa durante años. Acordamos que ella se quedaría en la casa y se ocuparía de la crianza diaria de los niños, y yo encontraría un apartamento y pagaría la manutención de los niños. Esto funcionaba para nosotros, ya que al final de cuentas yo sólo estaba en casa para ducharme y dormir.

Después de pasar unos años en el apartamento, gastando mucho dinero en alquiler, realmente quería comprar mi propio lugar para acumular algo de capital nuevamente. Sin embargo, no estaba en un lugar en el que tuviera del 10 al 20 por ciento de dinero para poner una casa y calificar para una hipoteca tradicional (esto fue antes de que Fanny Mae y Freddy Mac hicieran fácil para cualquiera entrar a una casa).

Mi solución: Comprar un remolque, y mudarme a un parque de casas móviles. En el fondo, sabía que en el futuro podría contar esta historia del parque de casas móviles para inspirar a alguien más. Ahorré 5.000 dólares y fui a comprar una casa rodante. Como sólo tenía a los niños cada dos fines de semana, pensé que sería divertido "acampar" en la casa rodante y podría ahorrar algo de dinero, ya que no se lo daría a un propietario todos los meses. Negocié un buen trato en uno de los lugares de casas rodantes que visité y compré una casa rodante de 9.000 dólares por 5.000 dólares en efectivo y la hice entregar en el parque de casas rodantes. Medía 25 por 8 pies, un total de 200 pies cuadrados - ¡Wow, mi casa entera era más pequeña que el dormitorio en el que crecí en la granja cuando era niño! Al año siguiente, gracias al dinero que ahorré, pude volver a pagar en efectivo, esta vez un remolque de dos dormitorios con un lavadero completo, cocina y sala de estar que se convirtió en mi oficina. Mi hijo menor, Jeremiah, ahora de 18 años, todavía me dice que su casa favorita fue la casa con ruedas. Su mayor pregunta es: "¿Por qué nunca la llevamos a ninguna parte?"

CAPÍTULO 4

NO CULPES A SU MADRE

Es fácil tomar lados en un divorcio. Es mucho más fácil jugar al juego de la culpa que asumir la responsabilidad. Los niños necesitan un lugar seguro donde retirarse antes, durante y después del divorcio, y quejarse de su madre y de lo que hizo o no hizo no ayudará, sino que sólo perjudicará el bienestar emocional de tu hijo.

Incluso si la madre de tus hijos fue la "mala" en la relación, no ayuda a tu situación actual el hablar mal de ella. Tal vez tuvo un romance, fue una madre inepta, mintió, robó, engañó; nada de eso importa ahora. Abocarse en la negatividad de su pasado sólo te impedirá, como hombre, seguir adelante, y también afectará la salud emocional de tus hijos.

Una de las cosas más fáciles de hacer antes, durante y después de un divorcio es asignar culpas. Es fácil ser la víctima- lo difícil es asumir la responsabilidad. Ahora bien, al asumir la responsabilidad, estamos haciendo lo mejor posible para nuestros hijos. Los niños necesitan sentirse seguros, amados y protegidos. La mejor manera de que sientan todo esto es que no culpemos a su madre por nada de lo que ha pasado.

Esto no significa que ignoremos el dolor, significa que elijamos no cargar a nuestros hijos con esta pesada carga. En cambio, como hombres, preferimos honrar y mostrar respeto a su madre. Al hacerlo, fomentamos un saludable sentimiento de seguridad y confianza en nuestros hijos.

No culpar a su madre es un factor clave para que nuestros hijos e hijas se sientan más seguros, algo que les da una mejor oportunidad de tener relaciones exitosas a lo largo de la vida.

Es fácil decir "no culpen a su madre", pero cuando se tienen unas cuantas flechas -y, posiblemente, unos cuantos puñales en el corazón- puede ser muy tentador querer volver al "juego de las culpas", no obstante, hacerlo sólo te perjudicará más de lo que ya estabas.

4 Cosas Positivas que te Suceden Cuando Eliges NO Culpar a su Madre

1. Te sientes mejor contigo mismo, porque empiezas a tomar responsabilidad por lo que necesitas tomar como propio: tus sentimientos, tu actitud, tus acciones y tu comportamiento.

2. Al sentirte mejor, tus hijos intuitiva e inmediatamente captan tu nuevo impulso de autoestima, y empiezan a sentirse mejor contigo y con ellos mismos.

3. Tus hijos son más felices porque tú eres más feliz.

4. Tus hijos se sienten a tu alrededor, lo que fortalece su relación.

CAPÍTULO 5

NO TE QUEDES EN TU CUEVA

PARA HOMBRES

Siempre quise una cueva para hombre. ¿Conoces esa habitación especial en el garaje, sótano o ático donde no se permite a la esposa e hijos (excepto en ocasiones especiales)? La cueva de hombre de mis sueños estaba amueblada con una mesa de billar, un televisor de pantalla grande, un sillón reclinable de cuero y una seccional, para poder invitar a los chicos a ver los juegos. Incluso tendría una máquina de refrescos antigua y mis juegos de arcade favoritos de los 80: Pacman, Galaga y Tron.

Aunque quería la "cueva de hombre" soñada, nunca tuve una. Tener cuatro hijos, la practicidad y el presupuesto siempre superaron los deseos de la lista de deseos. Pero, como hombres, muchas veces, ni siquiera necesitamos una cueva de hombre física a la que retirarnos. Nos retiramos a nuestras cuevas de hombre emocionalmente, las cuales se erigen con soledad, aislamiento, autocompasión, adicciones o evasión. La parte triste es que muchos de nosotros nos quedamos atrapados allí durante años.

Nuestras cuevas emocionales de hombre se convierten en una prisión de dolor, miedo, desesperación y aislamiento. Debido a que nos retiramos, nunca obtenemos la afirmación, el apoyo emocional, la camaradería, la amistad y la intimidad que necesitamos para desarrollarnos, crecer y madurar, de manera de poder ser una bendición positiva en la vida de nuestros hijos y en la de nuestros futuros cónyuges luego.

Aunque tener un lugar seguro para retirarse es muy agradable, especialmente si tienes amigos buenos y emocionalmente sanos que pueden ayudarte a superar tu dolor y llevarte al otro lado, o una "cueva de hombre virtual" donde te conectas con tipos que pueden ayudarte en tu viaje de curación y recuperación, cuando estás atrapado en tu cueva de hombre, solo durante días enteros, bebiendo en exceso, siendo absorbido por la televisión, y evitando las cosas que necesitan ser procesadas, confrontadas, sanadas y tratadas, puede volverse algo tóxico e insano.

Como hombres, fuimos programados de manera diferente a nuestras contrapartes femeninas--- no sólo física y mentalmente, sino también emocionalmente. Enfréntalo: a las mujeres les gusta estar juntas, cuando están felices o cuando están deprimidas, diablos, incluso invitan a sus amigas a ir al baño con ellas. Nosotros, como hombres, no estamos hechos de esa manera. Durante demasiado tiempo, sufrimos en silencio y tenemos una actitud estoica, de "puedo hacerlo yo mismo". ¿Cuántas veces te has dicho a ti mismo, "puedo hacer que esto funcione por mi cuenta" o "creé este lío yo mismo, lo arreglaré todo yo mismo". Hay un lugar para el pensamiento independiente de hacer las cosas solo, pero curar a nuestros hijos no es el lugar para permitir que nuestros egos se interpongan en el camino de su paz y seguridad.

Tal como el atleta lesionado que dice, "He pegado con cinta adhesiva mis miembros rotos y he tomado algunos analgésicos, Entrenador, ¿puede volver a ponerme en el juego?" nos sentimos realizados por ser el mártir, el héroe, el salvador, y sin embargo somos nosotros los que necesitamos ser salvados, reclutados y curados, si alguna vez tuviésemos el valor de admitirlo ante nosotros mismos, o mucho peor ante los demás.

Estamos rotos, y es difícil para nosotros admitirlo. Es difícil admitir la debilidad, el fracaso o el dolor. Pero, al admitir nuestra vulnerabilidad, podemos descubrir nuestra mayor fortaleza. Al momento de admitir nuestra debilidad y nuestros miedos, podemos encontrar verdadera fuerza, seguridad y paz. Imagina, sólo imagina, lo que eso podría hacer por nuestros hijos, cuando encontremos nuestra verdadera fuerza interior. Imagina cómo podría calmarlos y traerles paz.

¿Tienes un mentor con el que te reúnes regularmente para discutir tu progreso en el Ciclo de Recuperación del Divorcio? En la página 53 doy una lista completa de recursos para ayudar a los padres solteros no sólo a sobrevivir sino a prosperar.

5 Cosas que Todo Hombre Necesita

1. **Quietud y solidaridad,** para que un padre pueda pensar, reflexionar, sentir, hacerse preguntas, meditar, descansar, perdonar, imaginar y soñar de nuevo.

2. **Un cuaderno o libreta de notas y un bolígrafo.** Sí, un ordenador también funciona, pero creo que el anticuado bloc de notas y el bolígrafo funcionan mejor. Hay algo en escribir los pensamientos que involucra a tu cerebro y la fuerza de voluntad mucho más que solo escribir a máquina. Además, si estás en tu computadora, es muy fácil distraerse con Facebook...

3. **Una hora cada semana para pensar, reflexionar y rezar.** No tiene que ser en tu cueva En cambio, puede ser, en el coche mientras conduces al trabajo o mientras das un paseo a pie o en bicicleta. Acostúmbrate a preguntarte: ¿Cómo me siento hoy? ¿Por qué me siento así? ¿Hay algo que pueda hacer para cambiar lo que estoy sintiendo?

4. **Una hora cada semana para llamar a un amigo, mentor o entrenador.** Tuve varios amigos que estuvieron a mi lado durante mi divorcio que fueron lo que yo llamo "amigos de las 3 AM". Los amigos de las 3 AM son aquellos amigos a los que puedes llamar a las 3 AM cuando necesitas alguien con quien hablar. El hecho de saber que estaban allí para

ayudarme me dio la fuerza, el coraje emocional, mental y espiritual para saber que superaría la terrible experiencia de mi divorcio y que sería un mejor hombre para mis hijos. Necesitas tipos como estos en tu vida.

5. **Empieza un nuevo hobby, actividad o programa.** Como hombres, somos entes activos, que se mueven y toman acción. Estar divorciado puede dejarte con muchas horas nuevas en la semana sin tus hijos. O, si tu esposa te abandonó, cero tiempo libre, pues todo tu tiempo fuera del trabajo está lleno de niños. Asegúrate de que todavía encuentres tiempo para ti mismo. Tendrás que ser muy creativo para encontrar tiempo después de llevar a los niños a dormir o antes de que se despierten o los fines de semana cuando estén en casa de la abuela. Para mí, el hobby era correr. Comencé a entrenar para mi primer maratón, algo que consumió un año de mi vida, pero me permitió conocer nuevos amigos y lograr uno de mis objetivos de toda la vida.

CAPÍTULO 6

ALIENACIÓN PARENTAL

Este capítulo no estaba en la primera edición de este libro, el e-book. Lo he añadido aquí, pues mientras envejezco y hablo con más hombres, más lo veo: mamás alienando a papás y papás alienando a mamás.

La alienación parental (o paternidad agresiva y hostil) es un grupo de comportamientos perjudiciales para el bienestar mental y emocional de los niños, pudiendo interferir de manera directa en la relación entre un niño y cualquiera de sus dos padres. Estos comportamientos suelen acompañar a los matrimonios altamente conflictivos, las separaciones o los divorcios.

Para obtener más información sobre la alienación parental y/o paternidad hostil y agresiva, visite paawareness.org.

En la Biblia, I Corintios 13 se llama "El capítulo del amor". Aunque nos puede ayudar cuando estamos casados, nos puede ayudar aún más cuando estamos solteros.

Incluiré algunos segmentos aquí provenientes de la NVI (Nueva Versión Internacional):

I include it here from the NIV (New International Version):

4 El amor es paciente, el amor es amable. No tiene envidia, no se jacta, no es orgulloso. 5 No deshonra a los demás, no es egoísta, no se enfada fácilmente, no guarda registro de los

errores. 6 El amor no se deleita en el mal, sino que se regocija con la verdad. 7 Siempre protege, siempre confía, siempre espera, siempre persevera.

8 El amor nunca falla. Pero donde hay profecías, cesarán; donde hay lenguas, se aquietarán; donde hay conocimiento, pasará. 9 Porque en parte conocemos y en parte profetizamos, 10 pero cuando llega la plenitud, lo que es en parte, desaparece. 11 Cuando era niño, hablaba como un niño, pensaba como un niño, razonaba como un niño. Cuando me convertí en un hombre, dejé atrás los caminos de la infancia. 12 Por ahora sólo vemos un reflejo como en un espejo; entonces nos veremos cara a cara. Ahora conozco en parte; entonces conoceré plenamente, incluso como soy plenamente conocido.

13 Y ahora estos tres permanecen: la fe, la esperanza y el amor. Pero el más grande de todos ellos, es el amor.

Es importante que nuestros hijos sientan amor en nuestro hogar. Necesitan sentir un amor genuino, no sólo un amor basado en desempeño: "Papá te amará si eres bueno". Necesitamos amarlos incondicionalmente, como Dios nos ama. No estoy hablando de modificación de comportamiento y disciplina. Hablo de que si no tenemos una buena base de amor, confianza y seguridad, nuestros hijos no actuarán bien a pesar de todo esfuerzo. Cuando los niños se sienten seguros, en paz, valorados y amados obtienen la base emocional y espiritual que necesitan para prosperar en la vida.

CAPÍTULO 7

ENFRENTANDO TUS MIEDOS

*"Si vives con miedo al futuro por lo que
pasó en tu pasado, terminarás perdiendo
lo que tienes en el presente."*

SingleDadsThrive.com

Nada paraliza más que el miedo, y nada es más liberador que enfrentar tus miedos y superarlos. El miedo a lo desconocido es lo que más me afectó después de mi divorcio.

Las preguntas bombardeaban mi mente 24 horas al día, 7 días a la semana con su implacable ataque:

- ¿Fui un inútil como padre y como esposo?

- Si era un buen hombre, ¿por qué mi ex esposa quería divorciarse?

- ¿Me casaré de nuevo? ¿Volveré a amar?

- ¿Estaré solo el resto de mi vida?

- ¿Siempre sentiré que la gente me mira cuando entro en una habitación?

Cuando se trata de superar el miedo, muchas veces, el verdadero problema es el control. Como hombres, tenemos la necesidad de sentirnos en control, y un divorcio hace que nuestra vida caiga en picada, en una espiral descendente que nos hace sentir fuera de control, ansiosos y sin saber qué hacer.

Podemos estar deprimidos, preocupados, ansiosos, pasando a comportamientos adictivos como la bebida o el sexo, siendo evasivos, faltando al trabajo o teniendo otros problemas. Incluso podemos estar tan sumidos en el pensamiento y la depresión que destrozamos nuestro coche o llegamos a un destino y nos preguntamos cómo llegamos allí, ya que no recordamos haber conducido hasta ese lugar.

Cuando lidias con la ansiedad, puedes minimizar los efectos paralizantes del miedo. Aquí hay algunos consejos que me resultaron útiles a la hora de neutralizar mis miedos y ansiedades después del divorcio:

1. **Utiliza técnicas de respiración profunda para calmarte.**

   Para tomar una respiración relajante y profunda, comienza inhalando completamente, mantén el aire y, finalmente, exhala lentamente. Toma diez respiraciones profundas. Solo llevar más oxígeno al cerebro y a la sangre ayudará a calmar los nervios.

2. **Habla con un consejero, terapeuta o pastor con licencia.**

   Al hablar con un profesional capacitado en la recuperación de divorcios, puedes lidiar activamente con el miedo, la ira y las muchas otras emociones que llevan al auto-sabotaje y que a menudo vienen con un divorcio debilitante. Los consejeros y profesionales capacitados están equipados para ayudarte a navegar con éxito a través de este momento de tu vida. Ir a un consejero no es una admisión de culpa; es un signo de fuerza y sabiduría de tu parte. No sufras en silencio - busca ayuda.

   Justo como llevas tu coche a mantenimiento, a veces, nosotros los padres sólo necesitamos una puesta a punto. Ahora bien, después de un divorcio, necesitamos con urgencia una revisión. Una vez que estamos "de vuelta en la carretera", el mantenimiento rutinario y los cambios de aceite serán importantes para comprobar y hablar de cómo estamos.

3. **Reconocer la dimensión espiritual de su vida.**

Recientemente, estuve hablando con un padre divorciado de 49 años. Había tenido mucho éxito en su negocio, pero su divorcio lo había herido muy profundamente, y sus hijos actualmente viven con su madre en un país diferente. Un día, me dijo, "Sabes, sólo recientemente descubrí el aspecto espiritual en mi vida. Y pensar que me perdí esto durante tantos años." Al entrar en contacto con nuestras necesidades espirituales como hombres podemos permitir que Dios haga un trabajo profundo en nosotros que no sea meramente superficial o cosmético. Después de todo la transformación del corazón puede y hará una diferencia mientras vivimos nuestras vidas en este planeta y otros no tardarán en darse cuenta.

Haciendo un inventario espiritual y reuniéndose con su Pastor, Sacerdote o Rabino un padre soltero puede comenzar o reiniciar su viaje hacia la integridad espiritual.

CAPÍTULO 8

SUPERANDO LA IRA

Mientras lidiaba con muchos aspectos de mi divorcio, uno de los mayores obstáculos que tuve que superar era enfrentarme a mi ira. En el sofá del terapeuta, un año después de mi divorcio, me quebré y lloré. Admití ante mi consejero que no sentí nada de dolor hasta un año después del divorcio. Había endurecido tanto mi corazón para tratar de crear inmunidad al dolor, que al no permitirme sentir durante años, lo que creé, fue un furioso infierno de ira.

Catorce años después de mi divorcio, todavía es difícil para mí escribir sobre esto. Miro hacia atrás y veo la fachada que había creado: una imagen perfecta de un matrimonio feliz, sonriendo por fuera, mientras que moría y sufría por dentro todo el tiempo, sintiéndome solo y sin saber con quién hablar.

Desde el punto de vista de los demás, tuvimos un matrimonio feliz, un buen matrimonio. No fue hasta diez años de matrimonio que mi ira comenzó a subir como la lava hirviente de un volcán en erupción. ¿Qué fue lo que pasó? No era yo. ¿Por qué las pequeñas cosas me hicieron enojar? No tenía sentido. No entendía lo que estaba pasando, y pasarían años antes de que entendiera realmente lo que estaba pasando. Incluso después de cientos de horas y miles de dólares en el sofá de terapia y en terapia de grupo, comencé a darme cuenta de la verdad: había ignorado mis necesidades, emociones y sentimientos como hombre durante años, lo que creó un creciente océano de amargura, resentimiento y, sobre todo, había creado odio hacia mí mismo, porque, en el fondo, sabía que no estaba siendo fiel a quien era. Como resultado de no ser fiel a mí mismo, no había forma de que pudiera amar a mi familia de la manera en que Dios me diseñó para que la amara, ni tampoco podía recibir su amor por mí, porque tenía un auto-odio subyacente que no podía ni siquiera conceptualizar, mucho menos verbalizar o entender.

Todo lo que sabía es que cuando nos divorciamos, yo había desarrollado un problema serio de ira. Sin embargo, a causa de la vida que llevaba, no podía entender por qué. Nunca había sido una persona particularmente temperamental. Tuve una buena infancia y una educación excepcional. No había ninguna razón aparente por la que estuviera tan enfadado. Me pregunté a mí mismo: "¿Acaso los hombres fueron hechos de esta manera? ¿Esto es normal?" Un minuto, estaba disfrutando de la vida, y, entonces, alguien podría decir algo malo o mirarme de forma equivocada, y BAM!, explotaba como una bomba atómica. Luego, avergonzado, me disculpaba con todos, salía a caminar e intentaba calmarme.

4 pasos para controlar la ira

1. La ira siempre proviene de un problema subyacente.

Desde el miedo, la inseguridad, la tensión financiera, la sensación de constante irrespeto, siempre hay algo causando la ira, aun si eso no es evidente a simple vista. Busca lo que está impulsando la ira, y trata con la causa de fondo. Si no puedes identificar esta causa por ti mismo, siempre podrás solicitar la guía de un terapeuta o coach de vida, de manera que puedas lidiar con el problema desde la raíz y seguir adelante con tu vida como un individuo emocionalmente sano.

2. No lo ignores – acéptalo y soluciónalo.

Aun cuando es fácil enterrar la cabeza en la arena, ignorar un problema no hace que desaparezca. La única manera de hacer que un problema desaparezca es enfrentarlo de frente y encontrar una solución.

Ignorar el problema, tal como acumular deudas en tu tarjeta de crédito, sólo empeora la situación. Si determinas que el estrés financiero y el miedo están impulsando tu ira, pregúntate: ¿Cómo puedo mejorar mi situación económica y minimizar mis niveles de estrés? Sea cual sea la causa de tu enojo, hazte esas preguntas difíciles que te llevarán a encontrar una solución y comenzar a reducir tu ira.

3. Encuentra un grupo de personas que hayan superado la ira

Aprende de ellos y cómo superaron sus problemas. Escucha sus historias y comparte tu historia con ellos. Aquí es donde recomiendo nuevamente visitar un grupo de CelbrateRecovery.com en su área o un grupo de DivorceCare.org, ambos tienen increíbles programas de recuperación de la ira que no sólo pueden tratar el síntoma de la ira sino que también pueden llegar a la raíz del problema y ayudarle a detonar esa bomba de tiempo en su interior..

4. Aléjate de las situaciones volátiles

Una vez que identifiques a las personas o a la persona que te hace enojar, puedes evitar la situación. Siempre pregúntate a ti mismo ¿POR QUÉ? Por ejemplo, cuando te preguntes: "¿Por qué me enfada esta persona?" Eres capaz de examinar tus sentimientos y llegar a la raíz de tu ira. Mientras aprendes a controlar mejor tu ira, es importante que no te expongas a una situación en la que sepas que probablemente explotarás. No es ser cobarde; es ser inteligente.

CAPITULO 9

COMO CRIAR HIJOS EMOCIONALMENTE SALUDABLES

Si un divorcio sacude tu mundo, ten en cuenta que sacude el mundo de tus hijos diez veces más. Los niños de todas las edades necesitan de ambos padres, siempre y cuando esto sea posible. Por lo tanto, a menos que tu ex sea drogadicto, o sea emocional, verbal y/o mentalmente abusivo, lo más probable es que los chicos se beneficien de pasar tiempo con ambos.

Aquí hay algunas cosas que me funcionaron cuando trataba de criar niños emocionalmente sanos en medio de un divorcio que estaba destruyendo sus mundos:

1. **Construir una red de apoyo de amigos y familiares para ayudar con los niños.**

   Desde abuelos, hasta miembros de la iglesia, amigos del vecindario y niñeras, es importante que cuentes con un grupo estable de cuidadores (pagados y no pagados) para que, cuando se presente una emergencia, tengas siempre un respaldo, uno que te ayude cuando la abuela esté en Boca o la niñera esté estudiando para sus exámenes finales.

2. **Asegúrate de que tus hijos tengan alguien con quien hablar.**

   Así como no puedes internalizar todo lo que sientes, tus hijos necesitan un lugar seguro para desahogarse, cuestionar y procesar el divorcio y cómo este les está afectando. No esperes que se abran de golpe. Dales tiempo y espacio para abrirse cuando estén listos. Es suficiente hacerles saber que pueden hablar contigo cuando quieran.

3. Asegúrese de que sus hijos sepan que el divorcio no es su culpa.

Los psicólogos nos dicen que la mayoría de los niños se culpan a sí mismos por el divorcio de sus padres. Siempre recuérdales que no es su culpa. Tendrás que tranquilizarlos durante muchos años.

El efecto del divorcio en los niños

http://en.wikipedia.org/wiki/Holmes_and_Rahe_stress_scale

¿Recuerdas la Escala de Estrés de Holmes y Rahe que introduje en la página 8? Han creado la misma escala para los niños y es bastante alucinante. De manera similar a la escala para adultos, se agregan puntos de estrés para eventos de la vida del año pasado y se comparan con la estimación aproximada de cómo el estrés afecta la salud.

Evento	Valor otorgado
Muerte del padre	100
Embarazo no planificado/Aborto	100
Casarse	95
Divorcio de los padres	90
Adquirir una deformidad visible	80
Tener un hijo	70
Sentencia penal de un padre durante al menos 1 año	70
Separación marital de los padres	69
Muerte de un hermano o hermana	68
Cambios en la aceptación de los compañeros	67

Embarazo no planificado de su hermana	64
Descubrir que es un niño adoptado	63
Matrimonio de un padre con padrastro o madrastra	63
Muerte de un amigo cercano	63
Tener una deformidad congénita visible	62
Enfermedad seria digna de hospitalización	58
Reprobar un año en la escuela	56
No hacer una actividad extracurricular	55
Hospitalización de un padre	55

Evento	Valor otorgado
Sentencia penal de un padre durante al menos 30 días	53
Ruptura con novio o novia	53
Inicio de una relación amorosa	52
Suspensión de la escuela	50
Consumo de drogas o alcohol por primera vez	50
Nacimiento de un hermano o hermana	50
Aumento de discusiones entre padres	47
Perdida del trabajo de un padre	46
Logro personal extraordinario	46
Cambio en el estatus financiero familiar	45
Ser aceptado por la universidad de elección	43
Estar en el último año de bachillerato	42
Hospitalización de un hermano	41

Aumento en la frecuencia de ausencias parentales en el hogar	38
Hermano o hermana dejando el hogar	37
Adición de un tercer adulto en el núcleo familiar	34
Convertirse en un miembro activo de la iglesia	31
Descenso en las discusiones entre padres	27
Descenso en las discusiones con padres	26
Madre o padre comienza jornadas laborales	26

Escala de Holmes y Rahe para no adultos (niños)

CAPÍTULO 10

SUPERANDO EL CANCER, SUPERANDO LO QUE SEA

Volaba a Carolina del Norte para dar una charla cuando recibí una llamada de la madre mi hijo. "Los médicos dicen que Josh tiene la forma más agresiva de leucemia, y que van a operarlo y a empezar la quimioterapia mañana", declaró.

Nada ni nadie te prepara para un momento como este.

Yo había estado con Josh el día anterior. Habíamos rezado por él, porque se había estado quejando de mucho dolor. Su madre sospechaba que podía estar sufriendo "dolores de crecimiento"; al final todo lo que sabíamos con certeza era que nuestro hijo estaba sufriendo y que el ibuprofeno no era suficiente para aliviar el dolor. Fue entonces cuando mi ex-esposa me dijo que llevaría a Josh a un chequeo médico al día siguiente. Pensando que todo sería de rutina, quedé completamente aturdido y helado con esa llamada.

Y fue sólo el comienzo. Seis meses más tarde, Josh se enfrentaba a cuatro rondas de quimio, un trasplante de médula ósea, una apendicectomía y otras cirugías más. Afortunadamente, su fe en el poder curativo de Dios fue inquebrantable, y sus dos hermanos mayores eran perfectamente compatibles para realizar donaciones de médula ósea.

Estaba tan orgulloso de mis hijos; incluso se pelearon por quién tendría la oportunidad de salvar la vida de Josh. Michael ganó al final, pues Matt tuvo un pequeño resfriado durante la semana del trasplante. Al ser testigo de la fe sobrenatural de mi hijo en Dios y de los milagros que ocurrieron durante esa época en el hospital, vi la gracia de Dios trabajando en nuestras vidas durante la etapa de divorcio. Este difícil momento para nuestra familia requirió que yo confiara en la gracia, fidelidad y bondad de Dios para traerme paz, esperanza y sanación.

Cuando la madre de Josh me dijo que él comenzaría la quimioterapia al día siguiente, mi primera reacción fue sugerir que buscáramos una segunda opinión y habláramos con un médico naturista de Cancer Treatment Centers of America. Después de consultar con mi abogado y llamar a la corte en Oklahoma, rápidamente me enteré de que, como padre sin custodia, no tenía ningún derecho ni voz en el tratamiento de mi hijo. Ahora bien, resulta que ella como representante con custodia legal, tomó la decisión correcta, y me alegro que Dios le diera a ella y a Josh, la gracia y la sabiduría para saber el mejor plan de acción en ese momento.

Sin embargo, aun cuando su decisión resultó ser la correcta, el darme cuenta de que no tenía voto en el tratamiento de mi hijo me enfatizó que, como padre divorciado, es de suma importancia que hables con tu abogado sobre tus derechos como padre soltero y que incluyas las palabras correctas en el acta de divorcio si quieres tener derecho legal sobre el cuidado médico de tus hijos. Ten mucho cuidado con la redacción de tu acta de divorcio. Dependiendo del estado en el que vivas y de lo que diga el documento oficial de disolución del matrimonio, puedes o no tener autoridad sobre las decisiones concernientes al tratamiento médico de tus hijos. Afortunadamente para todos en nuestra familia, el tratamiento funcionó y actualmente Josh está libre de cáncer.

CAPITULO 11

SEGUIR ADELANTE

La vida se trata de movimiento. Si no avanzamos, estamos muriendo. Si no estamos creciendo, madurando, aprendiendo y explorando, nos atrofiamos, disminuimos y encogemos. Cuando digo "seguir adelante", no estoy hablando de seguir adelante sin tus hijos. Estoy hablando de seguir adelante lejos de tu dolor, de las cicatrices emocionales y del daño colateral de tu divorcio que dejó cicatrices indelebles en tu alma. Seguir adelante, abrazar lo bueno y dejar atrás lo malo, con todo su dolor residual. Si estás en la agonía del dolor ahora, puede que estés pensando, ¿Quiero seguir viviendo? ¿Volveré a amar? ¿Me sentiré completo de nuevo? La respuesta a todas estas preguntas es: Sí. Aunque no lo parezca ahora mismo, llegará un momento en que te sentirás completo de nuevo y estarás listo para amar y vivir tu vida al máximo.

¿Qué es el tiempo de recuperación y por qué lo necesito?

El tiempo de recuperación es necesario para curar el dolor, las heridas y los traumas del pasado. Al igual que el descanso entre los ejercicios del gimnasio, el alma y el espíritu necesitan tiempo para recuperarse antes de comenzar otra relación íntima que implique citas, intimidad y conexión de alma a alma. La mayoría de los expertos coinciden en que se recomienda un tiempo de recuperación y protocolos antes de comenzar otra relación íntima para asegurar el éxito de esta y otras relaciones a futuro.

A este punto, muchos hombres dirán: "Tal vez sea así para otros, pero yo soy la excepción. No necesito tiempo de recuperación." Estos son los hombres que fracasan con mayor frecuencia. Las relaciones con el sexo opuesto son más poderosas que cualquier droga. No sólo liberan endorfinas en nuestro cuerpo, sino que también acarician nuestro ego masculino, proporcionándonos un sentimiento de aceptación, una mayor autoestima, y satisfaciendo nuestra necesidad de ser necesitados y nuestra necesidad de obtener satisfacción sexual. Esta "droga" puede herirnos más rápida y profundamente en la herida fresca de un divorcio, si no sabemos cómo funciona nuestra psique y nuestra alma mientras nuestras heridas están todavía frescas.

Además, ¿por qué querríamos traer a nuestras vidas a una mujer para que se enamore de nosotros, cuando aún no estamos emocionalmente curados de nuestra relación pasada? Es fácil esconder nuestros defectos, nuestras grietas y nuestros problemas en citas, pero no te dejes engañar y creas en la mentira que muchos hombres se dicen a sí mismos. Ocultar nuestros problemas no es lo mismo que superarlos. Todos necesitamos tiempo para recuperarnos y un tiempo de terapia, antes de encaminarnos a empezar otra relación íntima.

Cuando de recuperación de divorcio se trata, DivorceCare.org recomienda un año de recuperación por cada cuatro años de matrimonio. Ahora, antes de que tires esta estadística por el inodoro, mira su sitio web y lee más en DivorceCare.org.

CAPÍTULO 12

SALIR CON ALGUIEN DE NUEVO

Los humanos deseamos relaciones. Estamos hechos para anhelar la intimidad. El reto de salir con alguien demasiado pronto después de un divorcio es que si no lidiamos primero con el dolor, el trauma y la carga emocional de la relación anterior, sin duda llevaremos nuestras heridas, hábitos y desplantes a la siguiente relación.

¿Cuánto tiempo se necesita para la recuperación?

El dolor es algo bueno. Nos permite saber que hay un problema y que algo no está bien. Como padres, no debemos buscar eliminar el síntoma de dolor, sino trabajar en la causa del dolor. Al hacerlo, podemos, en última instancia, tener lo que queremos: amor, respeto, comprensión e intimidad.

El dolor es una señal para alertarnos de que ALGO ESTÁ MAL.

Seis meses antes de cumplir 40 años, me di cuenta de que quería correr un maratón antes de mi cuadragésimo cumpleaños. El tiempo normal en el que uno debería entrenar para un maratón es un año, pero, siendo el tipo demasiado seguro e impaciente que era, me lancé y empecé a entrenar. Una cosa que hice bien al entrenar para el maratón fue unirme a un grupo de corredores, y varias veces a la semana –incluidos los sábados- nos reunimos a las 5 de la mañana para correr y entrenar.

Lo que hice mal fue no darle a mi cuerpo el tiempo suficiente para prepararse para la maratón.

Cuando mis amigos corrían el medio maratón, tuve que salir y animarlos desde la línea de banda, pues sufría de fuertes dolores en las espinillas. Tal como muchos corredores nuevos, los padres recién divorciados subestiman la cantidad de tiempo de recuperación necesario para estar sanos, completos y preparados de manera óptima no sólo para disfrutar, sino también para mantener una nueva relación de manera efectiva.

Mi objetivo era correr un maratón de "sub-cinco", mi primer maratón en menos de cinco horas. Bueno, lo corrí en cinco horas y cinco minutos.

¡La parte más difícil para mí fue pensar que estaba en la milla 18 y decepcionarme al ver que sólo estaba en la milla 16!

Al final de la carrera, mis cuatro hijos saltaron del área de observación de espectadores y corrieron las últimas tres millas de la carrera conmigo. Ese recuerdo es uno de los momentos más importantes de mi vida. He repetido la escena de los cinco cruzando la línea de meta juntos muchas veces en mi cabeza. Significó mucho para mí que estuviéramos todos juntos, y que quisieran estar conmigo mientras terminaba el viaje para el que me había entrenado con tanto esfuerzo. Era un símbolo de nuestro viaje como cinco hombres en el camino de la vida, juntos.

Nos debemos a nosotros mismos, a nuestra futura pareja y a nuestros hijos arreglar lo que está roto en nosotros mismos, antes de arrastrarlos a ellos y a un nuevo compañero o compañera a una nueva relación, mientras abrimos viejas heridas del pasado. En el capítulo anterior analizamos los tiempos de recuperación razonables, así que no voy a entrar en detalles con ellos otra vez.

Lo principal que hay que tener en cuenta es que el "tiempo de recuperación" nunca es tiempo perdido. Todo atleta tiene que tomarse días libres después de entrenar o competir en su deporte, sin importar lo intenso o suave que sea su deporte.

El cuerpo, la mente y el espíritu necesitan recalibrarse, y así es como fuimos diseñados. Podemos tratar de acelerar el proceso de curación de Dios, pero, si lo hacemos, es probable que volvamos a abrir una vieja lesión y que terminemos peor de lo que estábamos antes.

CAPÍTULO 13

RETRIBUCIÓN -30 HISTORIAS, 30 HOMBRES, 30 DÍAS

Me sentí comprometido a compartir 30 historias de 30 hombres, durante 30 días, antes del Día del Padre de 2016. Parecía bastante sencillo, pues a nuestro alrededor, hay muchos padres que están marcando la diferencia, padres que de manera silenciosa están siguiendo con sus vidas, sin mucho alboroto.

Ahora bien, para mi sorpresa, me encontré con que fue todo un reto recoger las historias, y aquí explico el por qué:

1. **Los padres solteros son personas ocupadas.**

   Los padres solteros están extremadamente ocupados. Los padres que realmente están haciendo la diferencia no buscan micrófonos o un altavoz para promocionarse, sólo desean hacer del mundo un lugar mejor para sus hijos - y yo entiendo bien eso.

2. **Los hombres no tienen el reconocimiento que se merecen.**

   En nuestra cultura moderna, los hombres han sido marginados. ¿Qué quiero decir con esto? Quiero decir que, durante los últimos 40 años, la cultura ha tratado de minimizar a los hombres, con el fin de elevar a las mujeres.

   La realidad es que no tienes que sacrificar un sexo para

elevar al otro. Los verdaderos hombres de carácter, han evadido humildemente el protagonismo, los aplausos y el reconocimiento, pero creo que como sociedad hemos sufrido a causa de esta línea de pensamiento. Debido a que no hemos honrado plenamente a nuestros buenos hombres como se merecen, nuestros jóvenes han sufrido mucho al crecer.

Los medios de comunicación y la cultura pop alaban, llenan de glamour y deifican a los atletas, las celebridades y los artistas que ganan millones pero son abusivos, compulsivos y destructivos. Yo deseo ver que los hombres y padres verdaderamente buenos (padres que están allí para sus hijos, que pagan su manutención, hombres que respetan a las mujeres en sus vidas e inculcan valores espirituales dejando un legado duradero para su descendencia) reciban el honor y el status de protagonismo que se merecen.

Estoy en busca de estos hombres. Quiero que le cuenten al mundo sus historias.

3. Los hombres necesitan una plataforma.

Es preciso que los hombres cuenten con una plataforma, una voz y un instrumento que les permita inspirar a generaciones futuras y hacer a sus hijos más fuertes, saludables, seguros y felices.

CAPÍTULO 14

EL ARTE DE DEJAR IR

Una de las cosas más difíciles de hacer para nosotros como hombres, debido a que estamos conectados con Dios para triunfar, ser proveedores y protectores, es precisamente el dejar ir.

Una vez que nos damos cuenta de que el divorcio es inevitable, es difícil dejar ir emocionalmente. Puede ser muy desconcertante para nosotros enfrentarnos a no obtener la custodia de nuestros hijos, o tener custodia compartida, es decir, ver que nuestra rutina diaria cambia debido a un divorcio con la decisión sobre la custodia de los niños, los duros procesos legales y/o los decretos y mandatos ordenados por la corte.

El primer punto clave para seguir adelante y mantener nuestra cordura es aprender a dejar ir emocionalmente. No solo es beneficioso para nosotros sino también es necesario para el bienestar emocional de nuestros hijos.

La mejor forma de soltar y seguir adelante es aprender a aceptar lo que no podemos cambiar. Aceptar lo que no podemos cambiar requiere de mucha humildad y gratitud, sin embargo, es el camino más rápido hacia nuestra sanación y la de nuestros hijos.

> "Dios, concédeme la serenidad para aceptar las cosas que no puedo cambiar, el coraje para cambiar las cosas que sí puedo, y la sabiduría para saber la diferencia entre ambas."
>
> Reinhold Niebuhr

CONCLUSIÓN

Los principios, consejos e ideas que he presentado en este libro tienen el objetivo de ayudarte a reconectarte con tus hijos y seguir adelante con sus vidas tan bien como sea posible después de un divorcio.

Todos tenemos diferentes metas y objetivos. Sin embargo, si tu meta es ser un padre emocionalmente saludable con hijos emocionalmente saludables que te aman y respetan, si has sanado y también has adquirido suficiente confianza en ti mismo como para tener relaciones saludables y significativas, hemos logrado nuestro objetivo.

Personalmente creo que la raíz de todo problema en la vida es espiritual. Soy fiel creyente de que todos somos seres espirituales en este planeta y que no podemos amar y ser amados de verdad hasta que encontremos al autor de la salvación, nuestro Creador, Jesucristo.

A continuación, incluyo los 12 Pasos para la Celebrar la Recuperación que me han ayudado a mí y a miles de personas a lo largo de los años a reconectarnos con nuestras raíces espirituales y superar heridas, hábitos y problemas que nos mantienen atrapados en un ciclo de derrota.

Los 12 Pasos para Celebrar la Recuperación

CelebrateRecovery.com

1. 1. Admitimos que éramos impotentes ante nuestras adicciones y conductas compulsivas y que nuestras vidas se habían vuelto inmanejables.

2. Nos permitimos creer que existe un poder superior a nosotros mismos y que este nos permitiría recuperar el sano juicio.

3. Tomamos la decisión de poner nuestras voluntades y nuestras vidas al cuidado de Dios.

4. Hicimos un inventario moral de nosotros mismos sin miedo.

5. Admitimos ante Dios, ante nosotros mismos, y ante otros seres humanos, la naturaleza exacta de nuestros errores.

6. Estuvimos totalmente dispuestos a que Dios eliminara todos estos defectos de carácter.

7. Humildemente le pedimos que eliminara todos nuestros defectos.

8. Hicimos una lista de todas las personas a las que habíamos hecho daño y estuvimos dispuestos a enmendar las cosas con todas ellas.

9. Buscamos directamente enmendar las cosas con esas personas a quienes perjudicamos, siempre que fuese posible, con la excepción de cuando el solo hacerlo les perjudicara a ellos o a otros.

10. Continuamos haciendo un inventario personal y cuando nos equivocamos, lo admitimos rápidamente.

11. Buscamos a través de la oración y la meditación mejorar nuestro contacto consciente con Dios, rezando sólo en la búsqueda del conocimiento de su voluntad para con nosotros y el poder para llevarla a cabo.

12. Habiendo tenido una experiencia espiritual como resultado de estos pasos, tratamos de llevar este mensaje a los demás y de practicar estos principios en todos nuestros asuntos.

Cosas Que Puedes Hacer con Tus Hijos (Además de mirar la TV):

• Cocinar

• Tomar clases gratuitas en tu club local de chicos y chicas, la YMCA, la YWCA, la iglesia, la librería o el centro comunitario de eventos.

• Ir de compras

- Leer

- Viajes de campo en Familia:
    - Al zoo utilizando pases de temporada, puedes ahorrar dinero fácilmente utilizándolos.
    - A las tiendas Hobby Lobby, Michael's Crafts, Home Depot, Lowes y otros establecimientos similares-pues estos cuentan con talleres de fin de semana para niños con gran número de proyectos y tópicos en la categoría de manualidades "DIY" o "Como Hacerlo Usted mismo".

Encuentra buenos recursos y grupos para padres solteros en tu área, navegando online en Facebook.com/events y Meetup.com

GLOSARIO DE TÉRMINOS

Selfies: Querrás tomar muchas de estas fotos, especialmente mientras tus hijos son jóvenes.

Selfie Stick: este artículo consiste en un palo para tomar fotos de usted y sus hijos con su smartphone, de esa manera no necesitará un fotógrafo. Usualmente se venden por $15 o menos online.

Papá de Disneylandia: Este es un padre que intenta compensar el divorcio y su mala gestión como padre siendo condescendiente y gastando más que mamá para intentar comprar el amor de sus hijos.

Préstamo de Consolidación de Deuda: Un préstamo para consolidar todas tus deudas.

Palabras de Afirmación: Uno de los cinco lenguajes de amor para niños y algo que querrás darles a diario.

Fondo de Emergencia: Ese fondo que guardas en una cuenta de ahorros y que contiene de tres a seis meses de ingresos ahorrados, en caso de que te despidan del trabajo o tengas un accidente.

RECURSOS UTILIZADOS:

Monetarios (Dinero)

Dave Ramsey DaveRamsey.com
EveryDollar.com
Reparación de Créditos CreditKarma.com
Clark Howard ClarkHoward.com

Cuidado Post-Divorcio

DivorceCare.org
Cuidado Infantil Posterior al Divorcio dc4k.org
divorcesource.com divorcenet.com childrenanddivorce.com
Manejo de la Ira apa.org/topics/anger/control.aspx

Lidiar con el Duelo y el sentimiento de Pérdida.

Grief.com

RECURSOS ADICIONALES

Libro de los 5 lenguajes del amor para niños (The 5
Love Languages for Kids) 5LoveLanguages.com
SingleDadsThrive.com

FreeAdvice.com

FocusontheFamily.com

Ningún grupo de personas ha tenido tanto impacto en mí de manera personal como hombre en recuperación post-divorcio como estos tres amigos que estoy a punto de presentarles. Ellos han vendido millones de libros, forman parte de la lista de autores más vendidos del New York Times, han ayudado a miles de hombres y entenderás por qué cuando veas sus páginas web o leas algunos de sus muchos libros.

DR. STEPHEN ARTERBURN

NewLife.com

Autor de la serie La batalla de cada hombre (Every Man's Battle) en integridad sexual, Sanar es una opción (Healing is a Choice), Vida sin remordimientos (Regret-Free Living), Lose it for Life and many more

DR. HENRY CLOUD

DrCloud.com

Hay demasiados libros dignos de mencionar, sin embargo los más famosos pertenecen a su fabulosa saga sobre Límites (Boundaries) con el Dr. John Townsend, están Límites: Cuándo decir sí (Boundaries: When to Say Yes), Cómo decir no para tomar el control de tu vida (When To Say No to Take Control of Your Life), Finales necesarios (Necessary Endings) y Cómo conseguir una cita que valga la pena: Sal con alguien en seis meses o te devolvemos tu dinero (How To Get A Date Worth Keeping: Be Dating In Six Months Or Your Money Back)

DR. JOHN TOWNSEND

DrTownsend.com

Algunos de sus libros, además de la serie Límites (Boundary) con el Dr. Henry Cloud son: Gente Segura (Safe People), Quién está apretando tus botones (Who's Pushing Your Buttons), El Factor Mamá (The Mom Factor), Escondiéndose del Amor (Hiding from Love), Límites para los Niños (Boundaries for Kids), etc...

Alguien a quien tambien deberías echarle un vistazo:

Autor, Orador y Coach

JOHN ELDRIDGE

Autor de la serie popular de libros

"Wild at Heart Series for Men"

RansomedHeart.com

SOBRE EL AUTOR

Michael D. Butler se encontró a sí mismo como padre soltero de cuatro hijos de diez, seis y cuatro años en 2001.

Ahora, sus hijos tienen 26, 24, 22 y 20 años respectivamente, se encuentran labrando su propio espacio en la vida y escribiendo sus propias historias. Él se siente muy orgulloso de ellos.

La primera carrera de Michael después de la escuela bíblica fue desempeñarse como ministro y pastor, lo cual fue de gran ayuda en su transición a la segunda carrera de su vida: el emprendimiento.

Ser un empresario le dio a Michael libertad financiera y tiempo para pasarlo con sus hijos mientras estos crecían.

Como maratonista, uno de los momentos de mayor orgullo en la vida de Michael fue cuando sus cuatro hijos corrieron junto a él durante los últimos tres kilómetros de la Maratón de la Ruta 66 de Tulsa, Oklahoma, en 2008, a las edades de 18, 16, 14 y 12 años.

Después de que su divorcio se hiciera definitivo en 2002, fundó DivorceCare.org, organización que representó una enorme fuente de apoyo y recursos a Michael, quien más tarde comenzó a ayudar otros como facilitador de grupo. Hoy en día, Michael dirige un movimiento creciente de hombres en SingleDadsThrive.com, donde él y otros hombres, animan a muchos padres divorciados no sólo a sobrevivir, sino a prosperar después de un divorcio y compartir sus historias y recursos para lograr precisamente eso. Echa un vistazo a 30 Historias, 30 Padres, 30 Días en SingleDadsThrive.com, quizás encuentres allí a alguien que conoces. Su "Trabajo del Día" está formando parte de BeyondPublishing.net, una editorial que ayuda a múltiples autores a llevar sus libros y su marca al mundo.

NOTAS

NOTAS

NOTAS

NOTAS

NOTAS

NOTAS

NOTAS

NOTAS

NOTAS

NOTAS

NOTAS

NOTAS

NOTAS

NOTAS

NOTAS

NOTAS

NOTAS

NOTAS

NOTAS

86 | SingleDadsThrive.com

NOTAS

NOTAS

NOTAS

NOTAS

NOTAS

NOTAS